Grußkarten

Ideen über Ideen

Gruß-karten

klassisch, romantisch, modern

Mona Funck
Andrea Keller

Fotos:
Friedemann Rink
Susa Kleeberg

Zeichnungen:
Traudel Marks-Collet

FALKEN

INHALT

GUTE
BESSERUNG

EINLADUNG

BIRTHDAY
HAPPY
BIRTHDAY

BESTANDEN

VORWORT

Mit diesem Buch erhalten Sie ein reichhaltiges Angebot an Ideen für die Gestaltung von Grußkarten.
Wir möchten Ihnen zeigen, wie man mit wenig Aufwand und geringen Kosten aus den unterschiedlichsten Papieren und anderen Materialien, nach Lust und Laune phantasievolle Karten herstellen kann.
Die unterschiedlichsten Anlässe, wie Ostern, Weihnachten, Geburtstage, Geburten, Hochzeiten, oder auch traurige Anlässe wurden berücksichtigt.
Die gezeigten Beispiele dienen nicht nur als Vorlage zum Nacharbeiten, sondern sollen auch Anregungen für Ihre eigenen Kreationen sein.
Wir wünschen Ihnen viel Spaß!

Mona Funck
Andrea Keller

MATERIAL UND WERKZEUG

Papier

Zur Herstellung der in diesem Buch gezeigten Karten benötigen Sie als Grundlage Fotokarton und Wellpappe in verschiedenen Farben.
Diese werden vielfach mit Strukturpapieren wie Maulbeerbaum-, Kokosfaser-, Bananenfaser-, handgeschöpften Papieren oder unterschiedlich gekörntem Aquarellpapier veredelt und dekoriert. Auch Transparentpapier oder Spinnenpapier, das Sie als Zwischenblätter aus Fotoalben kennen, sowie hauchdünnes Japanpapier lassen sich gestalterisch gut verwenden.

Alle diese Papiere erhalten Sie in einer Vielzahl von Farben und Variationen in Läden für Künstlerbedarf, im Hobbyfachhandel, in Papeterien, Geschenkboutiquen und in den Schreibwarenabteilungen der Kaufhäuser.

Dekorationsmaterial

Da die vielen schönen Papiere von sich aus eine große Wirkung erzielen, kann auf üppiges Dekorationsmaterial verzichtet werden.
Sie benötigen lediglich ein paar bunte Bänder und Perlen, etwas Herbstlaub, einige Efeublätter und dünnen Kupferdraht. Auch mit farbigen Stoffresten lassen sich schöne Akzente setzen.

Werkzeug

Die meisten Werkzeuge, die Sie benötigen, sind sicherlich in Ihrem Haushalt schon vorhanden. Dies sind Schere, Zackenschere, Locher, Lineal, Bleistift, Radiergummi, Zirkel, Kordel, Nähzeug, Backpapier zum Pausen, Pinsel, Kreppklebeband und Klebestift.

Weitere wichtige Materialien, wie Falzbein, Cutter, Metallineal, doppelseitige Klebefolie und doppelseitiges Klebeband, sowie Holz- oder Buchbinderleim erhalten Sie in den bereits aufgeführten Fachgeschäften für Papier.

Stempel und Schablonen

Für die Beschriftung der Karten bieten sich Stempel an. Benutzen Sie hierfür einen Stempelkasten für Kinder, den Sie in Spielwarengeschäften in verschiedenen Ausführungen erhalten. Die Stempelkissen sind in vielen verschiedenen Farben, so auch in Gold, im Schreibwarenhandel erhältlich.
Die Beschriftung kann auch mit Schablonen erfolgen. Hierbei muß jedoch jeder einzelne Buchstabe extra aufgemalt werden.

Schnell und einfach können Sie Stempel selbst herstellen.
Für das Drucken von Motiven eignen sich zum Beispiel Kartoffeln, die mit Ausstechförmchen zu Stempeln werden (siehe Seiten 16/17).
Für eine freie Mustergestaltung kann mit einem Papierstempel aus geknäultem Zeitungspapier Farbe aufgetupft werden (siehe Seiten 42–45).

Farben

Zur Herstellung der in diesem Buch gezeigten malerischen Karten (siehe Seiten 42–45 und Seiten 46/47) verwenden Sie am besten wasserlösliche Farben, wie Gouache- oder Plakafarben. Sie sind schnelltrocknend und umweltfreundlicher als rein ölhaltige Malmittel. Sie bekommen diese Farben im Künstler- und Malerbedarf sowie im Hobbyfachhandel.

TECHNIK

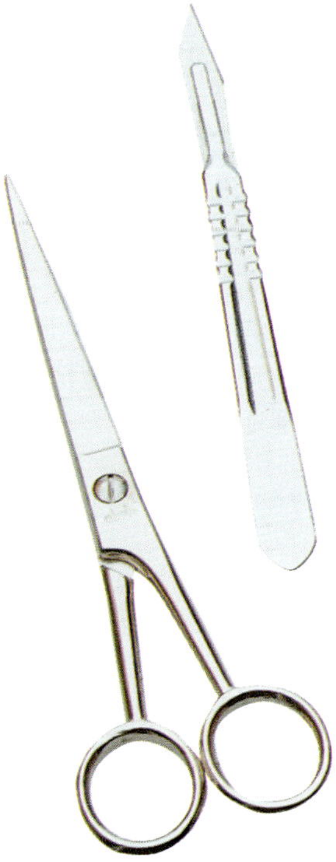

Die Laufrichtung von Papieren

Beim Bearbeiten von Papier sollten Sie folgendes beachten: Die Fasern industriell hergestellter Papiere haben eine bestimmte Ausrichtung, die sogenannte Laufrichtung, welche mit bloßem Auge nicht zu erkennen ist. Wird der Karton gegen die Laufrichtung geknickt, reißt er auf und die Faltkante wird unsauber. Man kann das aber leicht verhindern. Biegen Sie den Karton jeweils in Längs- und in Querrichtung. Wo der Karton den geringeren Widerstand leistet, sollte die Kante gefalzt und geknickt werden. Machen Sie diesen Test, bevor Sie den Karton zuschneiden.

Bei der Verwendung von handgeschöpften Papieren ist dieser Test nicht erforderlich, da hier die einzelnen Fasern in keine spezielle Richtung verlaufen, sondern nach allen Seiten hin ausgerichtet sind.

Falzen, Schneiden und Reißen

Beim Falzen wird mit dem Falzbein der Karton oder das Papier vorgerillt, um das Falten zu erleichtern. Dabei wird das Falzbein etwas schräg gehalten und mit leichtem Druck an einem aufgelegten Lineal entlang geführt. Danach kann das Papier oder der Karton geknickt und mit dem flachgehaltenen Falzbein nochmal nachgerieben werden.

Zum Schneiden der Papiere und Kartons verwenden Sie je nach Stärke des Materials Schere oder Cutter. Bei geraden Schnitten ist ein Metallineal hilfreich, an dem Sie den Cutter entlangführen können.

Wenn die Schnittkante selbst nicht gerade sein soll, kann man z. B. eine Zackenschere verwenden. Es entsteht ein gleichmäßig gezackter Rand.

Sie können die Papiere aber auch reißen. Dabei ist wiederum die Laufrichtung des jeweiligen Papieres zu beachten. Reißen Sie parallel zur Laufrichtung, wird die Rißkante relativ gleichmäßig, während beim Reißen gegen die Laufrichtung das Papier eher einen ungleichförmig gerissenen Rand bekommt. Dieser wiederum kann für eine Gestaltung sehr reizvoll sein.

Kaschieren

Beim Kaschieren wird dünneres Papier auf festeres Papier oder Karton aufgezogen. Hierbei ist folgendes zu beachten:

1. Testen Sie, bevor Sie am Original arbeiten, die Laufrichtung der verschiedenen Papiere. Es sollten die zu verbindenden Materialien in gleicher Laufrichtung aufeinander geklebt werden, denn Papier hat die Eigenschaft, sich in feuchtem Zustand auszudehnen. Die Ausdehnung sollte in gleicher Richtung erfolgen, um eine Verformung des Materials während des Trocknens zu verhindern.
2. Machen Sie auch eine Klebstoffprobe. Überlegen Sie, welches Klebematerial für Ihre Arbeit am besten geeignet ist. Holz- oder Buchbinderleim läßt sich am besten mit einem Pinsel auftragen. Für dünnere Papiere kann der Leim mit Kleister oder Wasser etwas verdünnt werden. Vor der Verbindung sollte die Klebefläche etwas

angetrocknet sein, um ein ungewolltes Durchschlagen der Leimung zu verhindern. Bei der Verwendung von Klebestiften oder -folien ist dies nicht der Fall. Sie sollten jedoch beachten, daß eine Klebeverbindung größerer Flächen mit Leim haltbarer ist.

3. Je nach dem gewünschten Effekt ist es besser, das dünnere oder das festere Material mit Klebstoff zu versehen. Beim Kaschieren mit Stoff, Kreppapier und hauchdünnem Seidenpapier ist es zum Beispiel einfacher, den Klebstoff auf den festeren Untergrund aufzutragen.
4. Um beim Aufkleben größerer Flächen der Entstehung ungewünschter Luftblasen und Knicke vorzubeugen, ist es empfehlenswert, das eingeleimte Papier vorsichtig aufzulegen und mit dem Handrücken von der Mitte zu den Seiten hin auszustreichen.
5. Bei Karten, die nur einseitig kaschiert sind, wird an der Falzkante das größer zugeschnittene Bezugspapier etwa 1 cm breit nach hinten geführt und auf der Rückseite festgeklebt. Die überstehenden Seiten werden entsprechend abgeschnitten.
6. Einige in diesem Buch gezeigte Karten werden von innen mit farbigem Tonpapier gegenkaschiert. Schneiden Sie dieses Papier etwas größer als Ihr Kartenformat zu und falten es entsprechend. Das Karteninnere wird nur an den Rändern und punktuell in der Mitte mit doppelseitigen Klebestreifen versehen. Legen Sie nun den farbigen Innenteil passend auf. Die überstehenden Seiten werden entsprechend abgeschnitten.

Schlingstich

Der Schlingstich dient als Randabschluß. Man arbeitet ihn von links nach rechts:

- Stechen Sie mit der Nadel bei 1 aus und ziehen Sie den Faden durch.
- Nun etwas weiter nach rechts bei 2 einstechen und senkrecht darunter bei 3 wieder ausstechen; dabei den Faden unter die Nadelspitze legen. Den Faden anziehen (Zeichnung 1).
- Punkt 3 ist jetzt Punkt 1 für den nächsten Stich (Zeichnung 2). Die ganze Reihe auf diese Weise arbeiten (Zeichnung 3). Bitte achten Sie darauf, daß Höhe und Zwischenräume der einzelnen Stiche gleichbleiben.

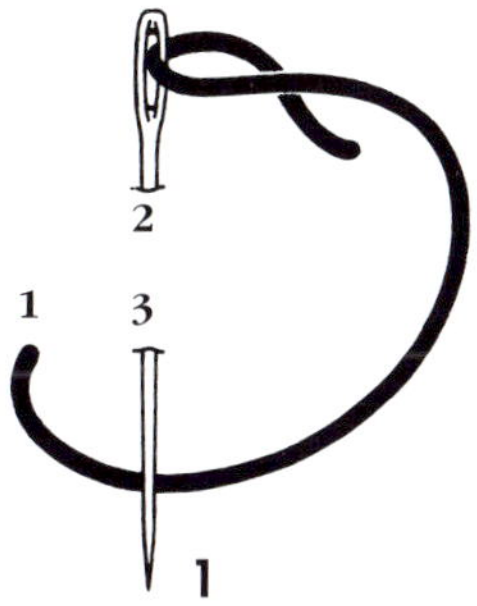

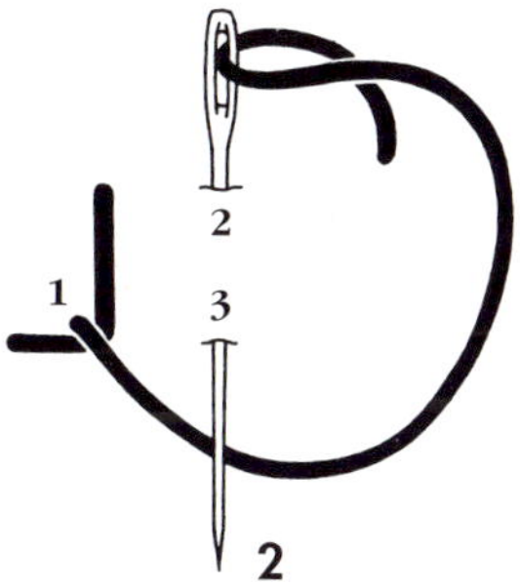

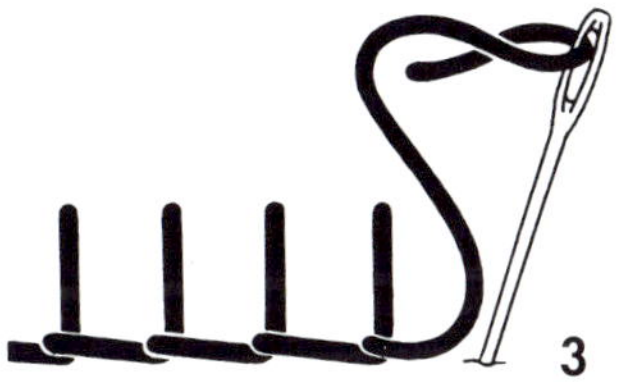

Stempel- und Kartoffeldruck

Beim Setzen der Stempelbuchstaben ist darauf zu achten, daß die Buchstaben spiegelverkehrt angeordnet werden. Machen Sie am besten einen Probedruck.

Für den Kartoffeldruck wird eine Kartoffel in der Mitte auseinandergeschnitten. Drücken Sie mit einem Ausstechförmchen das gewünschte Motiv in die Schnittfläche und schneiden Sie überstehende Kartoffelteile mit dem Messer ab. Die Stempelfläche trocknen und dünn mit Farbe bestreichen.

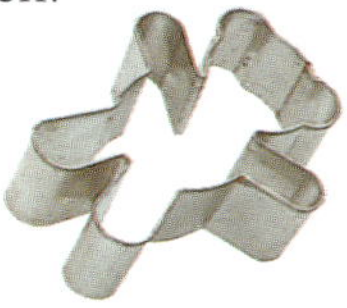

MANEGE FREI FÜR
MAXIMILIAN

Manege frei

... für den neuen Erdenbürger mit kräftigen und schillernden Farben!

Anleitung

Teddy

- Fotokarton zu einer Karte falten.
- Den Teddy (siehe Vorlagebogen) auf die rote Wellpappe aufzeichnen und ausschneiden.
- Ein Stück Mullbinde als Windel um den Teddy wickeln und ihn auf die Vorderseite der Karte aufkleben.

Puzzle

- Die Wellpappe zu einer Karte falten.
- Auf der Vorderseite mit dem Cutter ein Viereck ausschneiden. Dahinter den blauen Fotokarton kleben.
- Ein weiteres Stück Fotokarton exakt auf die Größe des aus der Wellpappe ausgeschnittenen Viereckes zuschneiden. Darauf das Kinderfoto mittig aufkleben.
- Auf der Rückseite jetzt die Vorlage des Puzzles (siehe Vorlagebogen) aufzeichnen und die Einzelteile entsprechend ausschneiden.
- Die Kanten mit einer Nagelfeile leicht glätten.
- Die Puzzleteile auf der Rückseite mit Geburtsdatum und Gewicht des Babys beschriften.
- Ein Puzzleteil an die richtige Stelle aufkleben. Die anderen Teile lose in die Karte legen und ab in den Umschlag...!

Manege frei!

- Fotokarton zu einer Karte falten.
- Das Maulbeerbaumpapier in der Mitte einschneiden und die Seiten wie einen Vorhang raffen.
- Diesen dann auf die Vorderseite der Karte kleben und die gerafften Seiten mit je einem schmalen Streifen roten Fotokartons überkleben.
- Ein U-förmiges rotes Schild aus dem Fotokarton ausschneiden und beschriften. Dies über die Öffnung des „Vorhanges" mit doppelseitigem Klebeband kleben.
- Die beiden Bügelbilder ebenfalls mit doppelseitigem Klebeband auf der Karte befestigen.
- Den Namen des Kindes unter den Clown schreiben.

Tip: Geben Sie der Mutter des Kindes die Bügelanleitung der Sticker mit, dann kann sie diese später weiterverwenden!

DAS BRAUCHEN SIE:

Teddy

- Rote Wellpappe
- Fotokarton
- Mullbinde
- Schere
- Klebstoff

Puzzle

- Wellpappe, natur, 22 x 30 cm
- Fotokarton, blau, 14,8 x 22 cm und 13 x 15 cm
- Foto, 10 x 15 cm
- Schere
- Klebstoff

Manege frei!

- Fotokarton in Natur und Rot
- Maulbeerbaumpapier, blau
- 2 Aufbügel-Sticker (Motive: Luftballons, Clown)
- Schere
- Klebstoff
- doppelseitiges Klebeband

Blütenträume

Mit handgeschöpftem Blütenpapier erhalten Sie immer eine sehr große Wirkung.

Anleitung

Grüne Karte

- Das Aquarellpapier an beiden Seiten je 7 cm nach innen falten.
- Das Blütenpapier an beiden Seiten je 6 cm nach innen falten.
- Beide Papiere und das grüne Einlegeblatt ineinanderlegen.

Kuvert

- Das Kuvert entsprechend der Vorlage (siehe Vorlagebogen) zuschneiden. Die Größe errechnet sich nach den tatsächlichen Maßen der grünen Karte.
- Die beiden Flügel nach innen knicken, oben doppelseitiges Klebeband aufbringen und den Umschlag zusammenkleben.

Rosenkarte

- Aquarellpapier zu einer Karte falten.
- Rosenschablone (siehe Vorlagebogen) herstellen und auf die Kartenvorderseite übertragen. Mit einem Cutter ausschneiden.
- Rosenblütenpapier falten und in die Karte einlegen.
- Überstehendes Papier an der Kartenöffnung nach außen falten.

Karte mit Dreieck

- Aquarellpapier zu einer Karte falten.
- Das Rosenblütenpapier zurechtreißen (siehe Foto) und auf der Kartenrückseite mit Klebestift fixieren.

DAS BRAUCHEN SIE:

Grüne Karte

- Handgeschöpftes Papier mit Blüteneinlässen, lindgrün, 28 x 22 cm
- Aquarellpapier, weiß, 30 x 21 cm
- Einlegepapier, lindgrün, 21 x 16 cm

Kuvert

- Einlegepapier, lindgrün, 27x50 cm
- Schere
- doppelseitiges Klebeband

Rosenkarte

- Aquarellpapier, handgeschöpft, violett
- Handgeschöpftes Papier mit Rosenblüteneinlässen
- Einlegepapier, pastellviolett
- Cutter

Karte mit Dreieck

- Aquarellpapier, handgeschöpft, violett
- Handgeschöpftes Papier mit Rosenblüteneinlässen
- Einlegepapier, pastellviolett
- Klebestift

Herzenssache

Zum Valentinstag, zum Muttertag oder als Liebeserklärung: eine selbstgestaltete Karte bringt Ihre Zuneigung ganz persönlich zum Ausdruck.

Anleitung

DAS BRAUCHEN SIE:

Metallherzkarte
- Fotokarton, rot
- Papierband, rot
- Stickgarn, rot
- Nadel
- Metallfolie
- doppelseitiges Klebeband

Bunte Herzen
- handgeschöpftes Papier, rot, gerissen
- weißes Büttenpapier
- verschiedenfarbige Faserpapierreste
- Paketkordel
- Nadel
- Schere

Rot-schwarze Karte
- Fotokarton, rot
- Maulbeerbaumpapier, schwarz
- Strukturpapier, rot
- Cutter
- Klebstoff
- Schere

Metallherzkarte

- Für die Vorderseite der Karte einen Fotokarton an drei Seiten mit rotem Stickgarn im Schlingstich (siehe Technikteil Seite 9) umstechen.
- Den zweiten Karton dahinterlegen und die vierte Seite ebenfalls mit Schlingstich umstechen, so daß beide Kartons an dieser Seite miteinander verbunden sind.
- Durch die Außennähte rotes Papierband ziehen.
- An der oberen linken Ecke das Papierband mit Stickgarn fest verschnüren. An den anderen Ecken das Papierband bündig mit dem Karton abschneiden.
- Metallherz (siehe Vorlagebogen) mit der Nagelschere ausschneiden.
- Die Rückseite mit dem Ende eines Bleistiftes ganzflächig ausstreichen, damit das Herz plastischer wirkt.
- Herz mit doppelseitigem Klebeband auf die Karte kleben.

Bunte Herzen

- Das handgeschöpfte Papier zu einer Karte falten.
- Aus verschiedenen Faserpapieren Herzen ausschneiden und diese mit Nadel und Paketkordel unterschiedlich angeordnet auf die Kartenvorderseite binden.
- Ein Einlegeblatt aus weißem Büttenpapier zuschneiden.

Rot-schwarze Karte

- Ein Stück Pauspapier knicken und mit der Bruchseite auf das Herz (siehe Vorlagebogen) legen, abzeichnen und dann ausschneiden.
- Schablone im ganzen auf den Fotokarton legen und mit dem Cutter ausschneiden.
- Die beiden seitlichen Flügel nach vorn umknicken, so daß ein in der Mittellinie aufklappbares Herz entsteht.
- Die Flügelvorderseiten des Herzens mit dem schwarzen Maulbeerbaumpapier und rotem Strukturpapier bekleben.
- Zwei kleine Herzen aus dem Fotokarton ausschneiden, und ebenfalls in Schwarz und Rot beziehen.
- Die kleinen Herzen aufkleben, so daß sie sich etwas überlappen und als Verschluß dienen können.

Federnschachtel
Silberlinte

Kleine Tierparade

Im Frühling marschieren Hasen und Hühner nicht nur zu Ostern auf. Schreiben Sie Ihren Freunden, daß der Winterschlaf zu Ende ist!

Anleitung

Bunte Hühner

- Das Aquarellpapier zu einer Karte falten.
- Die Kartoffel halbieren und mit dem Förmchen ein Huhn ausstechen.
- Mit einem Messer noch ein Auge und die Schwanzfedern in die Kartoffel ritzen.
- Kartoffelstempel mit Küchenpapier trocknen und mit einem Pinsel die Farbe dünn auftragen.
- Nach einem Probedruck die Karte mit unterschiedlichen Farben bedrucken, dabei, bevor die Farbe gewechselt wird, Stempel und Pinsel gründlich säubern.

Blechvögel

- Wellpappe zu einer Karte falten und an zwei Kanten der Vorderseite mit einem Cutter Zacken einschneiden.
- Vogel und Huhn (siehe Vorlagebogen) aus der Metallfolie ausschneiden. An der vorgezeichneten Stelle jeweils mit einer dicken Nadel ein Loch einstechen und ein Stück Kordel durchziehen.
- In die Kartenvorderseite zwei Löcher stechen und mit einem Zwirn die Schleifenbänder und Vogel und Huhn anbringen.

Hasen

- Das Packpapier zu einer Ziehharmonika zusammenfalten. Die einzelnen Elemente sind jeweils 12 cm breit.
- Den Hasen vom Vorlagebogen auf die Vorderseite des zusammengefalteten Packpapieres aufzeichnen und ausschneiden. Hierbei unbedingt darauf achten, daß die Arm- und Fußenden nicht durchtrennt werden.
- Die Hasen einzeln mit dem Klebestift flächendeckend bestreichen und nacheinander auf das Zeitungspapier kleben.
- Girlande wieder zusammenfalten und den Hasen erneut ausschneiden. Diesmal soll das Zeitungspapier etwa 3 mm überstehen. Auch jetzt unbedingt darauf achten, daß die Arm- und Fußenden der Hasen nicht durchtrennt werden.
- Mit Bleistift dem „ersten“ Hasen ein Gesicht aufzeichnen.

DAS BRAUCHEN SIE:

- Packpapier, 60 x 20 cm
- Zeitungspapier
- Schere
- Klebstoff
- Wellpappe, gelb
- Cutter
- Metallfolie, silber
- Paketkordel
- Nadel und Zwirn
- Geschenkband
- Aquarellpapier
- Acrylfarben
- Pinsel
- Kartoffel
- Ausstechförmchen Huhn

DAS BRAUCHEN SIE:

Katzenfell

- Fotokarton, schwarz
- Velourstoff, schwarz-weiß
- Buchstabenschablonen
- doppelseitiges Klebeband

Helle Karte

- Fotokarton, weiß
- Transparentpapier
- Wellpappe, natur
- Papierkordel, grün-weiß
- Cutter
- Klebestift

Rot-blaue Karte

- Tonpapier, blau
- Wellpappe, rot
- Faserpapier, bunt
- Klebestift

Karte in Orange-Grün

- Fotokarton in Orange und Grün
- Spinnenpapier
- schwarzen Filzstift

Happy Birthday!

… auch im neuen Lebensjahr auf Zack bleiben ist hier die Devise!

Anleitung

Katzenfell

- Den schwarzen Fotokarton in der Diagonalen zu einer Karte falten.
- Den Velourstoff mit doppelseitigem Klebeband auf die Vorderseite der Karte entsprechend der Abbildung aufkleben, dabei einen rund 1 cm breiten Streifen auf die Kartenrückseite kleben.
- Mit Buchstabenschablonen und Bleistift die Schriftzüge „Happy Birthday“ aufbringen.

Helle Karte

- Fotokarton zu einer Karte falten.
- Am rechten Kartenrand der Vorderseite mit dem Cutter ein flaches Dreieck ausschneiden.
- Das Transparentpapier falten und die offenen Seitenränder entsprechend dem Dreieck ausschneiden. Der gefaltete Rand dient als rechter Rand der Karte und soll jeweils rund 1 cm über den Fotokarton reichen.
- Zwischen das gefaltete Transparentpapier jetzt die Karte kleben.
- An einem Rand der Wellpappe Zacken einschneiden, auf die Vorderseite der Karte kleben, dabei einen rund 1 cm breiten Streifen umknicken und diesen auf die Kartenrückseite kleben.
- Die Kordel um die Kartenmitte binden und auf der Vorderseite fest verknoten.

Rot-blaue Karte

- Das Tonpapier zu einer Karte falten.
- Wellpappestreifen zuschneiden und etwa die Hälfte mit gerissenem Faserpapier bekleben.
- Diesen Streifen auf die Kartenvorderseite kleben.

Karte in Orange-Grün

- Orangefarbenen Fotokarton zu einer Karte falten, so daß die Vorderseite etwa 3 cm über der Rückseite übersteht.
- Vorderseite, wie auf der Abbildung zu sehen, mit einem Cutter zu einem Dreieck zurechtschneiden und mit schwarzem Filzstift beschriften.
- Auf die Rückseite einen grünen Fotokartonstreifen aufkleben, so daß später durch den zuvor eingeschnittenen Schlitz die Spitze der Vorderseite eingesteckt werden kann.
- Das Spinnenpapier so zuschneiden, daß es das beschriftete Dreieck bedeckt und etwa 1 cm auf der Rückseite festgeklebt werden kann.

DAS BRAUCHEN SIE:

Großes Herz

- 2xWellpappe, natur
- Glasfasertapete
- Faserpapier, weich, weiß
- Schere
- Watte
- Zwirn, naturfarben
- Nadel
- Klebstoff

Rosen

- Fotokarton, weiß, 30 x 22 cm
- Maulbeerbaumpapier, weiß, 17 x 22 cm und 5 x 50 cm
- 2 Papierrosen, weiß
- Geschenkband, weiß, 40 x 2 cm
- Tüll, weiß
- Naturbast
- Schere
- Klebstoff

Ringe

- Aquarellpapier, grobe Körnung, weiß
- Maulbeerbaumpapier, weiß
- Schere
- Zirkel
- Zick-Zack-Schere

Hochzeit

Strukturierte Papiere in Natur und Weiß verleihen diesen festlichen Hochzeitskarten eine ganz besonders feine Note.

Anleitung

Großes Herz

- Wellpappestücke im Kartenformat zuschneiden.
- Aus dem Faserpapier zweimal ein Herz ausschneiden, mit der Watte ausfüttern und auf die Glasfasertapete mit groben Stichen aufnähen.

Rosen

- Fotokarton zu einer Karte falten und die Kartenvorderseite mit Maulbeerbaumpapier kaschieren.
- Um die Kartenvorderseite ein Band aus Maulbeerbaumpapier legen und die übereinanderliegenden Enden mit einem Kringelband zusammenbinden.
- Naturbast, Geschenkband und Tüll in Schlaufen übereinanderlegen, die Papierrosen obenauf und alles mit den Enden des Kringelbandes zusammenbinden.

Ringe

- Aquarellpapier zu einer Karte falten.
- Auf die Kartenvorderseite mit einem Zirkel je zwei Halbkreise entsprechend der Abbildung zeichnen.
- Entlang der Linien die beiden halben Ringe mit dem Cutter schneiden und sie nach vorn umknicken.
- Maulbeerbaumpapier an den Längsseiten mit der Zick-Zack-Schere zuschneiden und in die Karte legen.

ALLES GUTE
GUTE
GUTE

Herzlichen Glückwunsch!

In der hier gezeigten Technik können Sie schnell noch weitere Gratulationsbänder oder andere Motive herstellen. Ein kleiner Vorrat kann nicht schaden!

Anleitung

Bestanden!

- Fotokarton zu einer Karte falten.
- Entlang der Kante der Vorderseite geometrische Figuren aufzeichnen und mit dem Cutter ausschneiden.
- Aus den verschiedenfarbigen Tonpapieren die Buchstaben des Wortes „BESTANDEN" mit einer Nagelschere ausschneiden und auf die Vorderseite der Karte kleben.
- Zum Beschreiben gelben Fotokarton einlegen.

Auto-Karte und Margeriten-Karte

- Blauen Fotokarton zu einer Karte falten.
- Auto aus dem roten Fotokarton entsprechend dem Vorlagebogen ausschneiden und mit schwarzem Filzstift Räder und Stoßstange ausmalen. Margerite aus dem weißen und gelben Fotokarton entsprechend dem Vorlagebogen ausschneiden.
- Einen waagrechten Schlitz von rund 3cm Länge in Auto bzw. Margeritenblüte einschneiden, den vorher mit den gewünschten Buchstaben bedruckten weißen bzw. grünen Fotokartonstreifen durchschieben und auf der Rückseite der Kartenvorderseite durch Umknicken befestigen.

DAS BRAUCHEN SIE:

Bestanden!
- Fotokarton, blau, 26 x 17 cm
- Fotokarton, gelb, 12,8 x 17 cm
- Tonpapier (verschiedenfarbige Reste

Auto- und Margeriten-Karte
- Fotokarton in Blau, 24 x 24 cm
- Fotokarton, weiß, 2,5 x 28 cm
- Fotokarton in Rot, Gelb und Weiß
- Schere
- Klebstoff
- Cutter
- Nagelschere
- schwarzen Filzstift

Einladungen

Ob zum japanischen Essen oder zum Sommernachtsfest: diese Karten sind vielversprechend und lassen ein genüßliches Fest erwarten.

Anleitung

Japanisches Essen

- Den roten Fotokarton auf den schwarzen legen und mit einem seitlich gerissenen Stück Zeitungspapier die rote Kartenvorderseite kaschieren. Dabei den überstehenden Rand des Zeitungspapieres nach hinten umknicken und auf der Kartenrückseite festkleben.
- Vom roten Fotokarton an der rechten Seite einen kleinen Streifen abreißen.
- In der Mitte der Kartenvorderseite zwei parallel zueinander verlaufende Schnitte von je vier Zentimetern anbringen.
- Die Eßstäbchen mit doppelseitigem Klebeband dazwischen befestigen, das Faserbandpapier durch die Schlitze ziehen und auf der Rückseite der Karte befestigen.

Sommernachtsfest

- Fotokarton so zu einer Karte falten, daß die Kartenrückseite etwa 10 Zentimeter breiter wird.
- Kartenvorderseite mit Geschenkpapier kaschieren.
- Den überstehenden Rand der Karteninnenseite mit einem vorbereiteten Stempel (siehe Seite 9) bedrucken.

Einladung

- Kokosfaserpapier mittig auf den Fotokarton kleben.
- Die linke Kartenseite lochen und mit Silberdraht mehrfach befestigen.
- Den Metallfoliestreifen mit einem stumpfen Bleistift beschriften: Das Wort „EINLADUNG" auf einem Stück Pauspapier vorschreiben und umgedreht auf die Metallfolie legen. Jetzt die spiegelverkehrten Buchstaben mit dem Bleistift auf die Metallfolie durchdrücken.
- Beides aufkleben.

DAS BRAUCHEN SIE:

Japanisches Essen

- ☐ Fotokarton in Rot und Schwarz
- ☐ Japanische Zeitung
- ☐ ein Paar Eßstäbchen
- ☐ Faserpapier, rot
- ☐ Schere
- ☐ Klebstoff
- ☐ Cutter
- ☐ doppelseitiges Klebeband

Sommernachtsfest

- ☐ Fotokarton, weiß
- ☐ Geschenkpapier
- ☐ Schere
- ☐ Klebstoff

Einladung

- ☐ Fotokarton, grün
- ☐ Kokosfaserpapier, grün
- ☐ Metallfolie
- ☐ Silberdraht
- ☐ Bleistift
- ☐ Schere
- ☐ Klebstoff
- ☐ Locher

SOMMERNACHTSFEST
25 JULI 20 UHR
都の発表に国が「待った」
EINLADUNG

DAS BRAUCHEN SIE:

- Fotokarton in Grau, Blau und Orange
- Packpapier, geprägt
- Paketschnur
- Obstmotiv
- Schere
- Nadel
- Klebstoff

- Papierband, rot
- Pappkarton
- Mullbinde
- 1 Tube Deckweiß
- bunte Filzschreiber
- Pinsel

- Plastiktüte, transparent
- bunte Schokolinsen
- Stempel
- Cutter
- Klebefilm

Gute Besserung!

Diese bunten lustigen Karten bringen den Kranken bestimmt zum Lachen. Und das ist zweifellos oft die beste Medizin!

Anleitung

Obstkarte

- Fotokarton und Packpapier aufeinanderlegen und mit der Paketschnur an einer Längsseite zusammennähen, hierbei mit einer Nadel die Nählöcher im Abstand von ca. 0,5 cm vorstechen.
- Obstbild ausschneiden und auf die Kartenvorderseite aufkleben.

Gipsfuß

- Fotokarton mit rotem Papierband kaschieren.
- Einen Fuß aus Pappe ausschneiden und mit der Mullbinde umwickeln.
- Die Vorderseite des Fußes mit Deckweiß bemalen, so daß eine Gipsstruktur entsteht.
- Nach dem Trocknen den Gipsfuß mit Filzstiften beliebig bunt bemalen und signieren.
- Fertigen Fuß auf die Kartenvorderseite aufkleben.
- Mullbindenrest kreuz und quer um die Karte binden und noch einen Fotokarton zum Beschreiben auf die Kartenrückseite kleben.

Süße Pillen

- Blauen Fotokarton zuschneiden und zu einer Karte falten.
- Über die Kartenvorderseite den orangefarbenen Fotokarton legen und mit Cutter und Lineal in beide Kartonseiten ein Fenster schneiden.
- Zwei Folienstücke schneiden, dazwischen die Schokolinsen legen und die Ränder mit Klebestreifen zusammenkleben.
- Diese Tütchen zwischen die beiden Fotokartons in das Fenster legen und mit Klebestift fixieren.
- Kartenvorderseite mit einem vorgefertigten Stempel (siehe dazu Seite 9) bedrucken.

Alles verpackt

Sämtliche Verpackungsmaterialien wie Pappe, Blasenfolie, Klebeband und Zeitungspapier werden jetzt zu lustigen Umzugsanzeigen recycelt.

Anleitung

Collage

- Fotokarton zu einer Karte falten und durch Aufkleben von verschiedenen Verpackungsmaterialien, z.B. Wellpappe, Blasenfolie, Klebeband, Zeitungspapier, Paketschnur, eine Collage kreieren (siehe Foto).

Haus

- Aus dem Pappkarton mit einem Cutter ein Haus (siehe Vorlagebogen) ausschneiden.
- Mit dem Buntstift einen farbigen Akzent setzen und mit einem vorgefertigten Stempel (siehe Seite 9) die Karte bedrucken.
- Darunter mit einem Filzstift die neue Anschrift schreiben.

Schlüssel-Karten

- Aus dem Pappkarton einen Schlüssel (siehe Vorlagebogen) mit dem Cutter ausschneiden.
- Eine Hälfte der Pappkarte und den Schlüssel mit einem vorbereiteten Stempel bedrucken.
- Fotokarton zu einer Karte falten und die Vorderseite mit der Wellpappe und dem Schlüssel bekleben.

DAS BRAUCHEN SIE:

Collage
- Fotokarton, grau
- verschiedene Verpackungsmaterialien
- Schere
- Klebstoff

Haus
- Pappkarton
- Schere
- neongelber Buntstift
- Stempel mit Setzbuchstaben
- Filzstift

Schlüssel-Karten
- Pappkarton, 11 x 15 cm
- Fotokarton, 22 x 15 cm
- Wellpappe, 11 x 15 cm
- Schere
- Klebstoff

FROHES
FEST
FROHES
Merry Christmas

Bunte Weihnachten

Wickeln Sie Ihre Geschenke in einfaches

Packpapier und Paketkordel.

Die bunte Karte obenauf macht es!

Anleitung

DAS BRAUCHEN SIE:

- Wellpappe, rot, 30 x 11 cm
- Tonpapier, grau, 11 x 20 cm
- Maulbeerbaumpapier, rot
- Stempelkissen, gold
- Bast, rot

- Fotokarton in Blau und Grün
- Ausstechförmchen Tannenbaum
- Rote Perlen
- Wickeldraht, grün
- Silberstift

- Fotokarton, grün
- Bananenfaserpapier, grün
- Papierkordel, natur-gold
- Blattgold/Anlegemittel
- Pinsel

- Fotokarton, grün
- Karoband, 4 cm breit, 60 cm lang
- Netzband, natur

Rote Karte

- Von dem Wellpappestreifen 10 cm umfalten und das graue Tonpapier bündig einpassen.
- Beide Papiere an der Umbruchkante mit einem Locher lochen und mit dem Bast zusammenbinden.
- Stempel mit dem Schriftzug „Frohes Fest“ vorbereiten und das Einlageblatt an den Rändern gold bedrucken.
- Einen roten Stern (siehe Vorlagebogen) aus dem Maulbeerbaumpapier ausschneiden und auf die Vorderseite kleben.

Tannenbäume mit Schleife

- Fotokarton zu einer Karte falten und mit einem Cutter drei Tannenbäume ausschneiden. Als Schablone dient das Ausstechförmchen.
- Dahinter wird das Netzband geklebt.
- Ein Stück Karoband um die Kartenvorderseite legen und die Bandenden mit Kringelband zusammenbinden.
- Darauf eine gelegte Schleife aus Karoband binden.
- Zum Schluß die überstehenden Kringelbandenden abschneiden.

Goldstern

- Den grünen Fotokarton und das Bananenfaserpapier übereinandergelegt zu einer Karte falten.
- Stern (siehe Vorlagebogen) mit Bleistift auf die Kartenvorderseite aufzeichnen und mit Anlegemittel ausmalen.
- Blattgold mit einem Pinsel auftragen.
- Papierkordel umbinden, verknoten und die Enden aufdröseln.

Tannenbäume auf einer Perlenkette

- Aus dem grünen Fotokarton drei Tannenbäume ausschneiden. Das Ausstechförmchen dabei als Schablone benutzen.
- Auf den Wickeldraht abwechselnd rote Perlen und die Tannenbäume auffädeln, den Draht durch den blauen Fotokarton durchstechen und auf der Rückseite der Karte befestigen.
- Auf die Ränder mit dem Silberstift „Merry Christmas“ schreiben.

Natürliche Weihnachten

Zarte Naturtöne und Naturmaterialien wie Leinen, Jute und Bast erzeugen in Verbindung mit Gold immer eine festliche Stimmung.

DAS BRAUCHEN SIE:

Natursterne

- Fotokarton, grau
- Leinenstoffreste
- Papierreste
- Stempelkissen, gold
- Ausstechförmchen Stern, verschiedene Größen

Schwarze Karte

- Fotokarton, schwarz
- Wellpappe, natur
- Papierkordel, gold
- Geschenkpapier, weiß-gold

Teddy

- Wellpappe, braun
- Geschenkpapier, schwarz-gold
- Netzband, natur
- Bast, natur
- Papierkordel, gold
- Backofenton
- Ausstechförmchen Teddy
- Goldfarbe
- Pinsel

Anleitung

Natursterne

- Fotokarton zu einer Karte falten.
- Die Vorderseite der Karte goldfarben mit dem Schriftzug bedrucken.
- Sterne in verschiedenen Größen aus den Leinen- und Papierresten ausschneiden und auf die Kartenvorderseite kleben. Als Schablone dienen die Ausstechförmchen.

Schwarze Karte

- Fotokarton zu einer Karte falten.
- Aus Naturwellpappe einen Stern (siehe Vorlagebogen) ausschneiden und auf die Kartenvorderseite kleben.
- Aus dem Geschenkpapier und der Papierkordel ein Schleifenband um die Vorderseite legen.

Teddy

- Wellpappe zu einer Karte falten.
- Ein Stück Geschenkpapier aufkleben.
- Backofenton ausrollen und einen Teddy ausstechen.
- Nach dem Trocknen im Backofen den Teddy mit Goldfarbe anmalen.
- Mit einer Nadel zwei Löcher durch die Kartenvorderseite stechen und den Teddy mit dem Netzband an einem Stück Bast an der Karte befestigen.
- Die Karte an der Umbruchkante mit einem Locher lochen, ein Stück Papierkordel einfädeln und zusammenbinden.

WEIHNACHTEN
FROHE

Abschied

Efeu, die immergrüne Kletterpflanze, soll hier Symbol des Weiterbestehens, des Weiterlebens sein – wenn auch nur in der Erinnerung.

Anleitung

Weiße Karte

- Das Aquarellpapier zu einer Karte falten.
- Die Efeublätter auf der Blattoberseite mit schwarzer Acrylfarbe dünn bestreichen und diese auf den rechten Rand des Transparentpapieres aufdrücken.
- Das Transparentpapier so falten, daß die Rückseite mit der Aquarellpapierkarte bündig abschließt und auf der Vorderseite das Aquarellpapier 2 cm herausragt.
- Das Transparentpapier jetzt vorn am äußersten Rand mit etwas Klebeband befestigen.

Schwarze Karte

- Das Tonpapier zu einer Karte falten.
- Das Maulbeerbaumpapier umlegen und die beiden Papiere nur an der Bruchkante aneinanderkleben.
- Auf der Vorderseite das Maulbeerbaumpapier zu etwa einem Drittel abreißen.

Wellpappe-Karte

- Wellpappe zu einer Karte falten.
- Die Efeublätter auf der Blattoberseite mit Acrylfarbe bestreichen und die Farbe auf einem Stück Zeitungspapier wieder etwas abdrucken, so daß nur ein Teil der Farbe auf den Blättern bleibt.
- Geschwärzte Efeublätter auf die Kartenvorderseite aufkleben.
- Aus Elefantenhautpapier ein Einlegeblatt falten.

DAS BRAUCHEN SIE:

Weiße Karte

- ☐ Aquarellpapier, grobe Körnung, weiß
- ☐ Transparentpapier
- ☐ Schere
- ☐ frische Blätter von Freilandefeu
- ☐ Acrylfarbe, schwarz
- ☐ Pinsel
- ☐ doppelseitiges Klebeband

Schwarze Karte

- ☐ Tonpapier, grau
- ☐ Maulbeerbaumpapier, schwarz
- ☐ Schere
- ☐ Klebstoff

Wellpappe-Karte

- ☐ Wellpappe, grau
- ☐ Elefantenhautpapier, grau
- ☐ Schere
- ☐ drei gepreßte Efeublätter
- ☐ Acrylfarbe, schwarz
- ☐ Pinsel
- ☐ Klebstoff

KARTEN NACH LUST UND LAUNE

Natürliche Strukturen

Diese schönen Naturkarten zeigen, daß der Ästhetik handgeschöpfter Papiere nichts hinzuzufügen ist – das kunstvolle Papiermaterial spricht für sich.

DAS BRAUCHEN SIE:

- Fotokarton in Natur
- Wellpappe in Natur
- handgeschöpftes Papier in Blau
- handgeschöpftes Strohpapier
- Tonpapier in Natur
- Cutter
- Zackenschere
- Klebstoff

Anleitung

Karte mit Strohpapier

- Naturfarbenen Fotokarton in ein rechteckiges Kartenformat zuschneiden und falten.
- Strohpapier etwas kleiner als das Kartenformat zurechtreißen, damit ein Spannungsverhältnis zwischen dem geschnittenen und dem gerissenen Papierrand entsteht.
- Papier um die Karte kleben.
- Karte innen mit naturfarbenem Tonpapier kaschieren.

Blaue Karte

- Naturfarbenen Fotokarton in ein rechteckiges Kartenformat zuschneiden und falten.
- Blaues, handgeschöpftes Papier etwas kleiner als das Kartenformat zurechtreißen und um die Karte kleben. Durch das Reißen entsteht ein natürlich wirkender Papierrand, der gut zum Charakter handgeschöpfter Papiere paßt.
- Karte innen mit naturfarbenem Tonpapier kaschieren.

Karte aus Wellpappe

- Wellpappe so zuschneiden und falten, daß ein quadratisches Kartenformat entsteht.
- Den oberen Rand der Vorderseite mit einer Zackenschere bis zur Kartenmitte einschneiden, umknicken und auf der Rückseite festkleben. Dadurch entsteht eine gestalterische Beziehung zwischen Vorder- und Rückseite der Karte.
- Karte innen mit naturfarbenem Tonpapier kaschieren.
- Blaues, handgeschöpftes Papier zu einem schmalen Streifen reißen und so ins Karteninnere einkleben, daß er über den gekürzten, oberen Rand der Vorderseite herausragt.
- Einen gerissenen, blauen Papierfetzen schräg auf die Vorderseite setzen.

Papier und Licht

Vielfach gefaltet und doch transparent sind die einem Paravent ähnelnde Fensterkarte und das sogenannte Leporello.

DAS BRAUCHEN SIE:

- Filzpappe
- Fotokarton in Rot und Hellgrau
- Japanpapier in Schwarz
- Cutter
- Klebstoff

Anleitung

Rote Fensterkarte

- Filzpappe und roten Fotokarton rechteckig zuschneiden und von beiden Seiten zur Mitte falten, so daß jeweils eine Karte mit zwei Klappflügeln entsteht.
- Linken Flügel der Filzkarte etwas schmaler reißen.
- Aus der roten und grauen Kartenrückseite mehrere kleine Quadrate, in einer Reihe übereinander, herausschneiden.
- Schwarzes Japanpapier von hinten gegen die rote Fensterreihe kleben.
- Rote Karte passend in die Filzkarte kleben, so daß die Fensterreihen genau übereinander liegen.

Leporello

- Hellgrauen Fotokarton in einen langen, schmalen Streifen schneiden und mehrmals zickzackfalten.
- Aus der zuvor etwas schmaler geschnittenen Vorderseite ein großes, gekipptes Quadrat herausschneiden.
- Kleine, schräggestellte Quadrate auch aus den übrigen Kartenseiten herausschneiden.
- Das gesamte Leporello innen mit schwarzem Japanpapier kaschieren.

Papier und Natur

Handgeschöpftes Papier und getrocknetes Herbstlaub verleihen Ihrer Karte haptische Reize – Kerzenwachs sorgt für Transparenz.

Anleitung

DAS BRAUCHEN SIE:

- handgeschöpfte Papiere in Weiß
- Seidenpapier in Schwarz
- Fotokarton in Dunkelgrau
- Japanpapier
- gepreßtes Herbstlaub
- Kerzenreste in Weiß
- Holzleim
- Pinsel
- Zeitungspapier
- Cutter
- Klebstoff
- Bügeleisen

Wachskarte

- Zwei handgeschöpfte Papiere in ein rechteckiges Kartenformat zurechtreißen.
- Beide Papiere einseitig leimen.
- Getrocknetes Herbstlaub grob rupfen. Blättergerippe kreuz und quer zwischen die vorgeleimten Papiere kleben. Zum Trocknen die Karte mit ein paar Büchern beschweren.
- Kerzenreste schmelzen. Das heiße Wachs mit einem Pinsel auf Vorder- und Rückseite der Karte auftragen.
- Solange das Kerzenwachs warm ist, läßt sich das Papier gut falten, ohne daß die getrockneten Blattstiele abbrechen.
- Aufgeklappte Karte zwischen Zeitungspapier legen. Mit einem heißen Bügeleisen darüber bügeln, so daß das Wachs von der Karte wieder abgenommen wird.
- Vorgang so lange wiederholen, bis die Karte transparent im Gegenlicht erscheint.
- Zum Beschreiben ein Stück Transparentpapier einlegen.

Weiße Karte

- Dunkelgrauen Fotokarton in ein rechteckiges Kartenformat zuschneiden und falten.
- Blätterstiele auf die Vorderseite der Karte kleben, so daß sie den Kartenrand überragen.
- Handgeschöpftes Papier etwas größer als Kartenformat zurechtreißen und um die Karte kleben. Dabei sehr vorsichtig das Papier an die Blattstiele pressen, so daß sie sich reliefartig durchzeichnen.

Schwarzweiße Karte

- Handgeschöpftes Papier in ein rechteckiges Kartenformat zurechtreißen und falten.
- Einen breiten Streifen aus schwarzem Seidenpapier reißen. Mehrere Blattstiele quer in den Streifen einkleben.
- Streifen mit Blattstielen auf die Vorderseite der Karte kleben. Oben und unten nach innen einschlagen und festkleben.
- Zum Beschreiben ein schönes Blatt Japanpapier einlegen.

Impressionen

Formenvielfalt und Farbenreichtum!
Senden Sie Ihren ganz persönlichen Farbengruß – vielleicht in einem selbstgemachten Briefumschlag.

DAS BRAUCHEN SIE:

Karten
- Fotokarton in Weiß und Lindgrün
- Tonpapier in Hellgrau und Lindgrün
- Gouachefarbe in Rot, Orange und Lindgrün
- Pinsel
- Zeitungspapier
- Cutter
- Klebstoff

Briefumschlag
- Wellpappe in Orange
- Schere
- dünne Kordel
- Cutter
- Klebeband

Anleitung

Grün-orangefarbene Karte
- Lindgrünen Fotokarton in ein rechteckiges Kartenformat zuschneiden und falten.
- Ein kleines Stück Zeitungspapier knäulen und an einer Stelle flachdrücken, so daß eine Art Papierstempel entsteht.
- Farbe mit einem feuchten Pinsel auf den Papierstempel geben und über die gesamte Karte stempeln, bis eine natürliche, malerische Struktur entsteht.
- Karte innen mit Tonpapier in lindgrün kaschieren.

Bunte Karte
- Weißen Fotokarton in ein rechteckiges Kartenformat zuschneiden und falten.
- Einen roten, orangefarbenen und lindgrünen Papierstempel herstellen (siehe Anleitung für grün-orangefarbene Karte).
- Farben unregelmäßig über die gesamte Karte stempeln.
- Karte innen mit Tonpapier in hellgrau kaschieren.

Briefumschlag
- Orangefarbene Wellpappe nach der Vorlage eines gewöhnlichen Briefkuverts zuschneiden und falten.
- Die Seiten mit einem langen Kordelfaden von unten nach oben zusammennähen. Die Kordelenden von beiden Seiten bis zur Spitze der Klappe durchziehen und verknoten.
- Auf gleicher Höhe einen Schlitz in die Vorderseite schneiden.
- Kordelfaden innen mit Klebeband befestigen und durch den Schlitz nach außen ziehen.
- Fäden zu einer Schleife binden.

Malerisches

Flecken können Faszination besitzen, besonders wenn sie in kostbarer Farbigkeit erscheinen.

Anleitung

Karte in Hellgelb
- Hellgelben Fotokarton in ein rechteckiges Kartenformat zuschneiden und falten.
- Einen roten und blauen Farbstempel aus Zeitungspapier herstellen (Anleitung siehe Seite 43).
- Farben auf der Karte abwechselnd zu einem schmalen Streifen übereinander stempeln.
- Karte innen mit blauem Tonpapier kaschieren.
- Farblich passenden Briefumschlag verwenden.

Blaue Karte
- Lindgrünen Fotokarton in eine rechteckige, querformatige Kartenform zuschneiden und falten.
- Einen roten und blauen Farbstempel aus Zeitungspapier herstellen (Anleitung siehe Seite 43).
- Zwei Diagonalstreifen in Rot über die Karte stempeln. Die restliche Fläche in Blau stempeln.
- Farbe trocknen lassen.
- Mit einem nassen Pinsel die angetrocknete Farbe anlösen.
- Angelöste Farbe mit einem verknäulten Papiertuch abtupfen.
- Karte innen mit lindgrünem Tonpapier kaschieren.
- Farblich passenden Briefumschlag verwenden.

DAS BRAUCHEN SIE:

- Fotokarton in Hellgelb und Lindgrün
- Tonpapier in Blau und Lindgrün
- Gouachefarbe in Rot und Blau
- Cutter
- Zeitungspapier
- Papiertuch

Variationen

Mit Farbe und Pinsel läßt sich auf malerische Weise eine schöne Reihe bunter Postkarten selbst herstellen.

DAS BRAUCHEN SIE:

- Wellpappe in Rot, Blau, Gelb und Violett
- Tonpapier in verschiedenen Farben
- Gouachefarbe in Rot, Blau, Weiß und Grün
- Pinsel
- Kreppklebeband
- Cutter
- Klebstoff

Anleitung

Malerische Karten

- Rote Wellpappe im Postkartenformat zuschneiden.
- Mit einem Pinsel unverdünnte Gouachefarbe, einmal Blau und einmal Hellgrün, in freien Formen auf die Karten malen.
- Die Rückseiten mit farbigem Tonpapier kaschieren.

Tip: Blau und Grün direkt auf der Karte mit Weiß zu einem Hellblau und Hellgrün mischen, dadurch wird der malerische Charakter betont.

Gestreifte Karten

- Blaue, gelbe und violette Wellpappe im Postkartenformat zuschneiden.
- Mit einem Pinsel rote Farbe auf die gelbe Karte malen, dabei den gelben Untergrund stellenweise unbemalt lassen.
- Kreppklebeband in unregelmäßige Streifen reißen. Streifen parallel zueinander auf die Karten kleben.
- Die freien Flächen mit unverdünnter Farbe bemalen. Violette Karte mit Hellblau und Rot, rotbemalte gelbe Karte mit Blau, blaue Karte mit Grün.
- Die Rückseiten mit farbigem Tonpapier kaschieren.

Einfach nur Wasser

Malen ohne Farben – in wenigen Minuten lassen sich nur mit Wasser die schönsten Musterpapiere selbst gestalten.

DAS BRAUCHEN SIE:

- Fotokarton in Weiß und Grün
- Kreppapier in Rot, Blau und Violett
- Cutter
- Klebstoff
- Pinsel
- Weinglas
- Zeitungspapier
- Papiertuch
- Wasserbehälter

Anleitung

Rote Karte

- Weißen Fotokarton in ein schmales, rechteckiges Kartenformat zuschneiden und falten.
- Rotes Kreppapier auf dem Zeitungspapier ausbreiten.
- Den Fuß eines Weinglases wie einen Stempel benutzen, in Wasser tunken und an verschiedenen Stellen auf das Kreppapier aufdrücken. Überschüssiges Wasser mit einem Papiertuch abtupfen.
- Den schönsten Ausschnitt etwas größer als Kartenformat zuschneiden und um die Karte kleben.
- Karte innen mit grünem Fotokarton kaschieren.

Blaue Karte

- Weißen Fotokarton in ein rechteckiges Kartenformat zuschneiden und falten.
- Blaues Kreppapier auf Zeitungspapier ausbreiten.
- Mit einem nassen Pinsel schnelle Striche und ein paar Wasserspritzer über das Kreppapier verteilen. Überschüssiges Wasser mit einem Papiertuch abtupfen.
- Den schönsten Ausschnitt etwas größer als Kartenformat zuschneiden und um die Karte kleben.
- Karte innen mit grünem Fotokarton kaschieren.

Violette Karte

- Weißen Fotokarton in ein rechteckiges Kartenformat zuschneiden und falten.
- Violettes Kreppapier auf Zeitungspapier ausbreiten.
- Mit einem Pinsel kleine Wasserpfützen auf den oberen Teil des Kreppapieres setzen. Papier hochhalten und das Wasser nach unten laufen lassen. Überschüssiges Wasser mit einem Papiertuch abtupfen.
- Den schönsten Ausschnitt etwas größer als Kartenformat zuschneiden und um die Karte kleben.
- Karte innen mit grünem Fotokarton kaschieren.

Textile Strukturen

Eine Gestaltung mit wenigen Stoffresten aus Seide ist manchmal schon ausreichend.

Anleitung

Karte mit Stoffstreifen

- Hellblauen Fotokarton in ein rechteckiges Kartenformat zuschneiden und falten.
- Stoffstreifen in verschiedenen Breiten zuschneiden und aufkleben.
- Karte innen mit pinkfarbenem Fotokarton kaschieren.

Rote Seidenkarte

- Hellblauen Fotokarton in eine rechteckige, querformatige Kartenform schneiden und falten.
- Rote Wildseide etwas größer als Kartenformat zuschneiden. An der oberen Längsseite einige rote Fäden aus dem Stoff ziehen, so daß die blauen Kettfäden der Seide als kurze Fransen sichtbar werden.
- Seidenstoff um die Karte kleben.
- Karte innen mit türkisfarbenem Fotokarton kaschieren.

Karte mit roten Fäden

- Hellblauen Fotokarton in ein rechteckiges Kartenformat zuschneiden und falten.
- Einen breiten, langen Streifen aus roter Wildseide zuschneiden.
- Mehrere lange Fäden so aus dem Stoff herausziehen, daß sie an einer Stelle immer noch mit dem Stoff zusammenhängen.
- Stoff um den Kartenbund kleben.
- Karte innen mit pinkfarbenem Fotokarton kaschieren.

DAS BRAUCHEN SIE:

- Fotokarton in Hellblau, Türkis und Pink
- Stoffreste aus Wildseide
- Cutter
- Schere
- Klebstoff
- Klebefolie

Shibouri

Karten so schön wie ein Kimono - versuchen Sie sich im Shibouri, der traditionellen Färbetechnik für japanische Stoffe.

Anleitung

DAS BRAUCHEN SIE:

- 1 mm starke Graupappe
- Fotokarton in Lindgrün und Türkis
- Baumwollstoff in Hellblau
- Batikfarbe in Blau und Rot
- Draht (Durchmesser 1 mm)
- Klebstoff
- Schere
- Cutter

Blaue Karte

- Blaues Färbebad vorbereiten (Anleitung siehe Packungsbeilage des Farbpulvers).
- Graupappe in eine rechteckige, extrem querformatige Kartenform zuschneiden und falten.
- Hellblauen Baumwollstoff großzügig zuschneiden, verknäulen, fest zusammendrehen und mit Draht eng umwickeln.
- Umwickelten Stoff ins Färbebad legen, bis die Färbung die gewünschte Intensität besitzt.
- Draht abwickeln und die Farbe gut auswaschen. Gefärbten Stoff trocknen und bügeln.
- Den schönsten Ausschnitt etwas größer als Kartenformat zuschneiden und die Karte damit beziehen.
- Überstehenden Stoff nach innen umkleben.
- Karte innen mit Fotokarton in Lindgrün kaschieren.

Rote Karte

- Rotes Färbebad vorbereiten.
- Graupappe in ein quadratisches Kartenformat zuschneiden und falten.
- Hellblauen Baumwollstoff großzügig zuschneiden und in gleicher Technik färben wie die blaue Karte.
- Den schönsten Ausschnitt etwas größer als Kartenformat zuschneiden und die Karte damit beziehen. Überstehenden Stoff nach innen umkleben.
- Karte innen mit türkisfarbenem Fotokarton kaschieren.

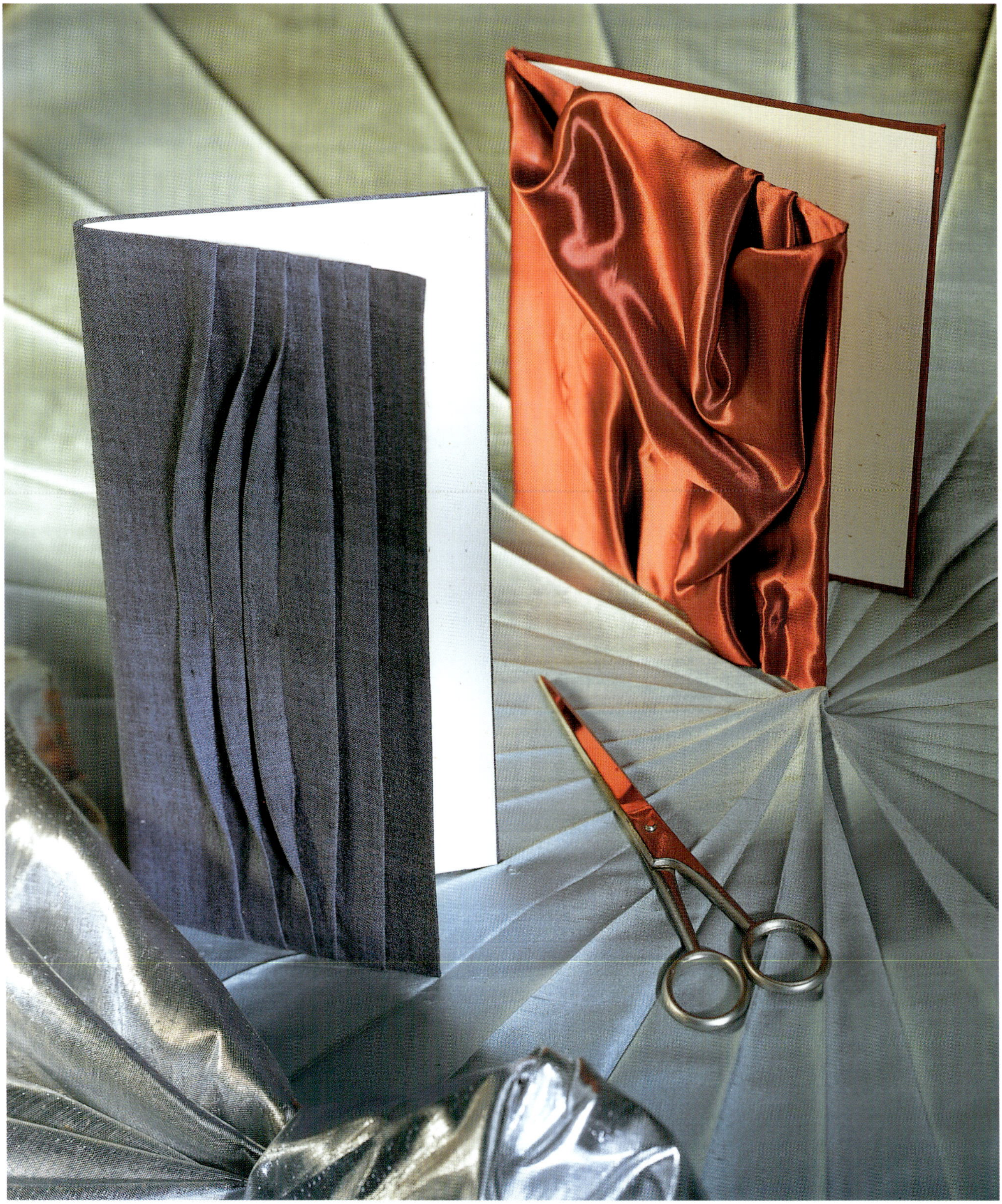

Kleider machen Leute

Zu feierlichen Anlässen oder für wertvolle Geschenkgutscheine lohnt es sich, Ihre Karte in ein festliches Gewand zu hüllen.

DAS BRAUCHEN SIE:

- 1 mm starke Graupappe
- Strukturpapier in Weiß
- Speckseide in Rot
- Baumwolleinen in Graublau
- passendes Nähgarn
- Schere
- Klebstoff

Anleitung

Rote Stoffkarte

- Graupappe in ein breites, rechteckiges Kartenformat zuschneiden, falzen und falten.
- Rote Speckseide für Vorder- und Rückseite der Karte in einem Stück zuschneiden. Dabei für die Rückseite den Stoff nur etwas größer zuschneiden.
- Für die Vorderseite dagegen den Stoff extrem großzügig zuschneiden, damit genügend Material zum Drapieren vorhanden ist.
- Rückseite mit Stoff beziehen. Den übrigen Stoff zur Vorderseite hin umlegen.
- Stoff auf der Vorderseite nach eigenem Geschmack drapieren und mit ein paar Stichen an der Pappe festnähen.
- Überstehenden Stoff nach innen umkleben.
- Karte innen mit weißem Strukturpapier kaschieren.

Blaue Stoffkarte

- Graupappe in ein schmales, rechteckiges Kartenformat zuschneiden und so falten, daß die Rückseite etwas breiter als die Vorderseite wird. Wenn die Karte zusammengefaltet ist, entsteht dadurch ein schöner weißer Rand.
- Blaugrauen Baumwolleinen breiter als Kartenformat zuschneiden.
- Für die Vorderseite fünf Falten in den Stoff bügeln und heften.
- Karte mit dem gefalteten Stoff so beziehen, daß die Bügelfalten auf der linken Kartenvorderseite sitzen. Den überstehenden Rand nach innen umkleben.
- Drei der fünf Falten nach links gegen die Faltrichtung umschlagen und in der Mitte mit etwas Klebstoff fixieren.
- Karte innen mit weißem Strukturpapier kaschieren.

Akzente

Kleine bunte Kunstperlen geben schlicht gestalteten Karten den nötigen Akzent.

Anleitung

Grüne Perlenkarte

- Grüne Wellpappe in eine querformatige Kartenform zuschneiden und falten. Einige Rippen der Wellpappe mit dem Falzbein flachdrücken.
- Dann auf ein ca. 15 cm langes Stück Kupferdraht rote und grüne Perlen auffädeln und über die Vorderseite der Karte spannen. Karte innen mit rotem Tonpapier kaschieren.

Briefumschlag

- Briefumschlag (siehe Vorlagebogen) in roter und naturfarbener Wellpappe nacharbeiten.
- An den markierten Stellen in die Klappe und Vorderseite kleine Schlitze schneiden. Innen zwei dünne Kordelschnüre mit Klebeband befestigen und durchziehen. Kordelenden mit roten Holzwürfelperlen verzieren.

Gerollte Karte

- Rote Wellpappe in ein rechteckiges Kartenformat zuschneiden und mit der gewellten Fläche nach innen falten. Karte außen mit feingeripptem Cord in Schwarz beziehen.
- Vorder- und Rückseite ineinander verschränken (Karte rollen), mit Kordelschnur umwickeln und binden.
- Kordelenden mit kleinen, roten Holzwürfelperlen verzieren.

DAS BRAUCHEN SIE:

Grüne Perlenkarte
- Wellpappe in Grün
- Basteldraht in Kupfer
- Rote Holzwürfelperlen
- verschiedene Perlen in Grün
- Tonpapier in Rot
- Cutter
- Klebstoff
- Falzbein

Briefumschlag
- Wellpappe in Natur und Rot
- dünne Kordel
- rote Holzwürfelperlen
- Cutter
- Klebeband
- Klebstoff

Gerollte Karte
- Wellpappe in Rot
- feingerippten Cord in Schwarz
- dünne Kordel
- rote Holzwürfelperlen
- Cutter
- Klebstoff

DAS BRAUCHEN SIE:

- Wellpappe in Natur und Orange
- Fotokarton in Dunkelblau
- Zeitungspapier
- Geschenkpapier
- Schleifpapier in Blau
- Kreppklebeband
- Strohband
- Nadel
- Cutter
- Zackenschere
- Klebstoff

Fetziges

Reizvoll gerissene Papierstücke und gezackte Ränder stehen in einem spannungsvollen Kontrast zu geraden Schnitten.

Anleitung

Karte mit Fenster

- Für die Rückseite der Karte eine quadratische Form aus orangefarbener Wellpappe zuschneiden. Eine Seite mit der Zackenschere knapp beschneiden.
- Die Vorderseite aus naturfarbener Wellpappe in der gleichen Größe zuschneiden, dabei den linken Rand etwas zurückschneiden. Anschließend mit dem Cutter ein dreieckiges Fenster herausschneiden.
- Vorder- und Rückseite der Karte mit Strohband so zusammennähen, daß der rote Zackenrand vorn sichtbar wird.
- Blaues Schleifpapier in kleine Stücke reißen und verteilt aufkleben.

Karte mit Zeitungspapier

- Naturfarbene Wellpappe in ein rechteckiges Kartenformat zuschneiden und so falten, daß die Vorderseite etwas schmaler wird als die Rückseite (siehe Foto).
- Zeitungspapier und Kreppklebeband in kleine Schnipsel reißen und locker verteilt auf die Karte kleben.
- Den rechten, inneren Kartenrand mit einem Zeitungsstreifen bekleben, gut antrocknen lassen und zum Teil wieder abreißen.

Karte mit Geschenkpapier

- Orangefarbene Wellpappe in ein rechteckiges Kartenformat zuschneiden und falten.
- Geschenkpapier in unterschiedlich große Streifen reißen und verteilt auf die Vorder- und Rückseite der Karte kleben.

Naturfarbene Karte

- Naturfarbene Wellpappe in ein rechteckiges Kartenformat zuschneiden und falten.
- Aus der Vorderseite der Karte mit dem Cutter geometrische Formen herausschneiden.
- Um diese geometrischen Formen herum die Wellpappe vorsichtig anritzen und nur das gewellte Papiermaterial etwas abziehen. Dadurch wird der helle Untergrund der Wellpappe sichtbar.
- Karte innen mit dunkelblauem Fotokarton kaschieren.

Alles nur Pappe

Mit Wellpappe in verschiedenen Farben kann man ganz unterschiedliche Wirkungen erzielen.

DAS BRAUCHEN SIE:

- Wellpappe in Blau, Rot, Gelb, Orange, Violett, Grün und Natur
- Tonpapier in Gelb
- Cutter
- Klebstoff

Anleitung

Blaue Karte

- Wellpappe in ein rechteckiges Kartenformat zuschneiden und falten.
- Aus gelber Wellpappe ein Dreieck zuschneiden und aufkleben. Jeweils einen dünnen Streifen aus roter und naturfarbener Wellpappe zuschneiden und schräg übereinander aufkleben.
- Karte innen mit gelbem Tonpapier kaschieren.

Karte in Violett

- Wellpappe in ein rechteckiges Kartenformat zuschneiden und falten.
- Aus roter und grüner Wellpappe jeweils einen dünnen Streifen zuschneiden und aufkleben.
- Karte innen mit gelbem Tonpapier kaschieren.

Karte mit bunten Dreiecken

- Naturfarbene Wellpappe rechteckig zuschneiden und von beiden Seiten zur Mitte falten, so daß zwei Klappflügel entstehen.
- Die linke Kartenhälfte mit orangefarbener Wellpappe bekleben.
- Auf die rechte Kartenhälfte jeweils ein Dreieck aus Wellpappe in Orange, Blau und Grün versetzt übereinander kleben.
- Den verbleibenden Reststreifen in Rot aufkleben.
- Karte innen mit gelbem Tonpapier kaschieren.

Metalleffekte

Glänzende Linienstrukturen aus Kupferdraht veredeln eine Karte aus Filzpappe und betonen die Eigenart der Wellpappe.

DAS BRAUCHEN SIE:

Karte in Bordeaux

- Filzpappe
- Wellpappe in Natur
- Tonpapier in Natur
- Plakafarbe in Bordeaux
- Pinsel
- Basteldraht in Kupfer
- Nadel
- Folienband in Kupfer
- Metallstück
- Cutter
- Klebstoff

Blaue Karte

- Wellpappe in Blau
- Tonpapier in Ocker
- Basteldraht in Kupfer
- Nadel
- Maschendraht
- Metallstück
- Cutter
- Klebstoff

Anleitung

Karte in Bordeaux

- Filzpappe in ein rechteckiges Kartenformat zuschneiden und falten.
- Wellpappe etwas kleiner als eine Kartenseite zuschneiden und mit bordeauxfarbener Plakafarbe bemalen.
- Bemalte Wellpappe auf die Kartenvorderseite abdrucken.
- Mit Kupferdraht die gesamte Farbfläche von oben nach unten benähen.
- Folienband in feine Streifen schneiden und um einzelne Drahtfäden knoten bzw. wickeln, so daß man sie beliebig rauf und runter schieben kann.
- Karte innen mit naturfarbener Wellpappe kaschieren.
- Zum Beschreiben innen einen Zettel aus naturfarbenem Tonpapier mit Kupferdraht befestigen.

Blaue Karte

- Blaue Wellpappe in ein rechteckiges Kartenformat zuschneiden und falten.
- Die Vorderseite mehrmals von rechts nach links mit Kupferdraht benähen.
- Einen dünnen Streifen Maschendraht durch die Drahtfäden flechten.
- Metallstück schräg zwischen den Drahtfäden verkeilen, eventuell festkleben.
- Karte innen mit ockerfarbenem Tonpapier kaschieren.

Im FALKEN Verlag sind zahlreiche Titel in der Reihe „Ideen über Ideen“ erschienen.
Sie sind überall dort erhältlich, wo es Bücher gibt.

Die Deutsche Bibliothek – CIP-Einheitsaufnahme

Grusskarten : klassisch, romantisch, modern / Mona Funck ;
Andrea Keller. Fotos: Friedemann Rink ; Susa Kleeberg. –
Niedernhausen/Ts. : FALKEN, 1996
(Ideen über Ideen)
ISBN 3-8068-1723-5

ISBN 3 8068 1723 5

Umschlaggestaltung: Andreas Jacobsen
Redaktion: Uta Koßmagk
Herstellung: Andrea Keller
Titelbild und Fotos: Friedemann Rink, Susa Kleeberg, Wiesbaden
Reinzeichnung des Vorlagebogens: Traudel Marks-Collet, Idstein

Satz: Fischer Repro Technik, Frankfurt
Druck: Karl Neef GmbH&Co., Wittingen

817 2635 4453 6271